Los Ángeles a Nuestro Alrededor

Escrito por:

Larry S. Glover

Ilustrado por:

Mai Kemble

Publicado por:

Childlike Faith Children's Books

Este libro esta dedicado a los niños que creen en los ángeles,
y que creen que los ángeles están alrededor nuestro.

Publicado por Childlike Faith Children's Books
2012 Wages Way
Jacksonville, FL 32218
Childlikefaithchildrensbooks.com

Autor: Larry S. Glover
Ilustración: Mai Kemble
Producción: ABC Book Publishers, Inc.
Diseño Gráfico: Jeanine Quinn
Editora: Kimberly Benton

Imprimido ISBN: 978-1-7355149-6-3
Ebook ISBN: 978-1-7355149-7-0
Número de Control de la Librería de Congreso: 2020945142
Imprimido en los Estados Unidos de América
10 9 8 7 6 5 4 3 2 1

Dios ha preparado a sus *Ángeles* para que velen por nosotros. Ellos estarán con nosotros donde sea que vayamos. Con sus propias manos nos levantarán y nada nos dolerá ni aún tropezando con una piedra.

Salmo 91:11-12

Los Ángeles están a nuestro alrededor.

¿Qué hacen ellos?
Ellos escuchan la voz
de Dios y velan por
me y por ti.

Hay un ángel que
está con nosotros y
nos es entregado
al nacer.

Ellos están justo a nuestro
lado mientras vivimos
aquí en la tierra.

Algunas personas dicen que los ángeles
son **ALTOS**, **GRANDES** y **FUERTES**.
Pero también pueden ser lo suficientemente
dóciles para cantarnos una canción.

Algunas veces, los *Ángeles*
están ahí para ayudarnos
cuando jugamos y
nos caemos.

Hay algunos *ángeles*
que nos pueden oír, y vienen
cuando les llamamos.

4

Los Ángeles están
trabajando y están aquí para
hacer la voluntad de Dios.

También hay ángeles trabajando
para ayudarnos con la forma en
la que nos sentimos.

Los Ángeles están alrededor nuestro y nos vigilan todos los días.

También pueden liderarnos y guiarnos cuando vamos por el camino equivocado.

Hay Ángeles que vienen a ayudarnos cuando necesitamos ayuda.

Ellos vienen con **AMOR** y *amabilidad* especialmente cuando hay gente que alimentar.

Latas

recolección de alimentos perecederos y latas

7

Los Ángeles nos
ayudan a hacer
lo correcto.

Ellos tambien nos pueden
decir cuando es hora de…

…alejarnos de una pelea.

Hay *Ángeles* alrededor nuestro y ellos trabajan muy fuerte por nosotros.

Los Ángels son enviados por **DIOS** y en Dios confiamos.

Hay Ángeles que vienen a ayudarnos con las cosas que necesitamos.

Te contaré todo acerca de estos ángeles mientras continúas leyendo.

Los Ángeles Sanadores
están aquí mientras vivimos
el día a día.

Ellos están aquí porque *Dios nos ama*,
y ellos nos bendicen en la propia forma de Dios.

11

El *Ángel* Ayudante puede hacer casi de todo.

Ellos van alrededor de la tierra y traen la bendición de Dios.

El *Ángel* de la paz está con nosotros cada uno y todos los días; ayudándonos a encontrar el resto que necesitamos en cada una y de todas las maneras.

El Ángel estrella está ahí
para mirar como nuestro
sueños se hacen realidad.

Si *hablas* con este ángel,
él te *escuchará*.

Los *Ángeles* poderosos ayudan
cuando tenemos *miedo*
y estamos *solos.*

Ellos te dicen que seas
valiente, confidente
y ***FUERTE.***

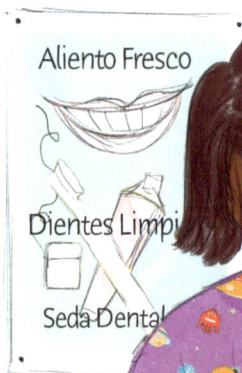

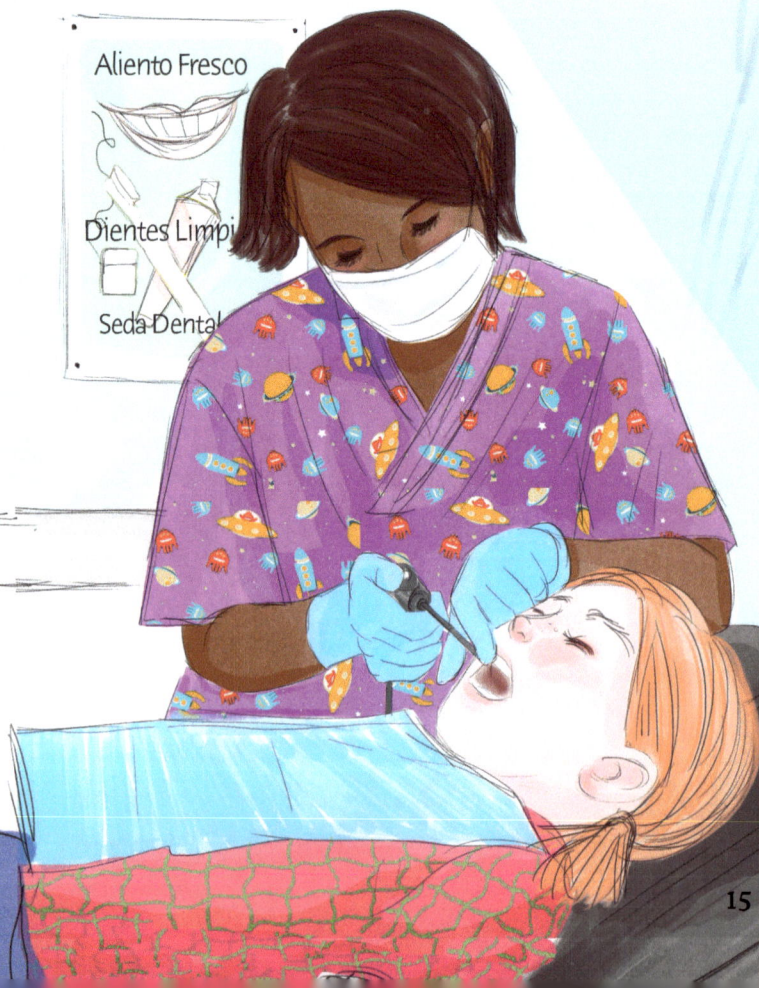

Aliento Fresco

Dientes Limpi

Seda Dental

15

Hay Ángeles mensajeros que vienen desde el cielo a nosotros en la tierra.

Ellos nos dicen lo que Dios dice y así nosotros lo oímos primero

16

Los Ángeles de misericordia velan por nosotros.
Es parte del plan de Dios.
Ellos van allá donde se necesitan…

… y ayudan
donde pueden.

PERDIDO

PERDIDO

PERDIDO

Hay **Arcángeles** que
tienen nombres como...

...Rafael.
El está a cargo de sanarnos
y hacernos sentir bien.

18

Tenemos Miguel el Arcángel que está ahí para defender.
El nos ayuda a ser **FUERTES**
y nos ayuda a poder **GANAR.**

El
Arcángel *Gabriel*
está siempre ocupado
y trabaja muy fuerte.

El nos puede *liderar*,
guiarnos y nos trae las
bendiciones de **Dios**.

The **Arcángel Uriel**, se le llama el ángel de la luz y el día.

Si alguna vez te sientes *perdido* - el te ***enseñará el camino.***

21

El **Arcángel** *Ariel* es el que nos recuerda –
la **FÉ**, la **ESPERANZA** y el **AMOR**,
pero sobretodo la **CONFIANZA**.

El **Arcángel Haniel**
es el ángel encargado de la alegría.

Ella nos llena con
el *amor de Dios*

para todas las niñas
y todos los niños

23

Hemos aprendido acerca de los *Ángeles*, y todo lo que ellos pueden hacer.

Espero que recuerdes que los ángeles están SIEMPRE contigo.

24

Sé amable con los *Ángeles*
y ellos serán amables contigo.
Ellos nos ayudan a compartir
y a cuidarnos entre tu y yo.

Recuerda –
Los Ángeles están
alrededor nuestro siempre
y de TODAS las maneras.

¿Cuándo te ha ayudado un Ángel?

¡Coloreáme Los ÁNGELES!

28

Datos Curiosos de los *Arcángeles*

Ariel – El nombre del Arcángel Ariel significa "león o leona de Dios". Ariel es el santo patrón de los animales y el medio ambiente.

Ariel ayuda a curar a los animales heridos en estrecha colaboración con el Arcángel Rafael en estos esfuerzos.

Gabriel – El nombre de Gabriel significa "Dios es mi fuerza" o "hombre de Dios". Lo más famoso es que anunció a María el próximo nacimiento de Jesús.

Haniel – El arcángel Haniel es conocido como el ángel de la alegría. Trabaja para dirigir a las personas que buscan la realización a Dios, quien es la fuente de todo gozo.

Haniel "trae armonía y equilibrio donde quiera que vaya" y "te recuerda que encuentres la satisfacción desde dentro en vez de tratar de encontrar la felicidad desde afuera tuyo.

Miguel – Los cristianos vieron al Arcángel Miguel como un protector (alguien que defiende y ayuda) y el líder del ejército de Dios contra las fuerzas del mal.

El nombre Michael significa "a semejanza de Dios". En la Biblia, se le llama "uno de los principales príncipes" (Daniel 10:13) y "el gran príncipe" (Daniel 12: 1).

Rafael – Se le conoce en varias religiones como el ángel que realiza actos de curación. El nombre Rafael significa "Es Dios quien sana", "Dios sana", "Dios, por favor sana". Rafael es un ángel en la Biblia.

Es el santo patrón (cuidando) a los jóvenes, pastores; enfermos y viajeros.

Uriel – El nombre de Uriel significa "Dios es mi luz" o "fuego de Dios" es un arcángel en las tradiciones judías y cristianas.

RECURSOS:
Rafael (arcángel) Datos para Niños/as. *Enciclopedia Infantil.*
Gabriel Datos para Niños/as. *Enciclopedia Infantil.*
Uriel Datos para Niños/as. *Enciclopedia Infantil.*
Michael (arcángel) Datos para Niños/as. *Enciclopedia Infantil.*

https://www.beliefnet.com/inspiration/angels/8-biblical-facts-about-archangel-michael
https://www.beliefnet.com/inspiration/angels/galleries/the-7-archangels-and-their-meanings
https://www.learnreligions.com/how-to-recognize-archangel-haniel-124304

LAS SERIES DE POTENCIAMIENTO DE LOS NIÑOS/AS.

Pida otro libros de Larry S. Glover:

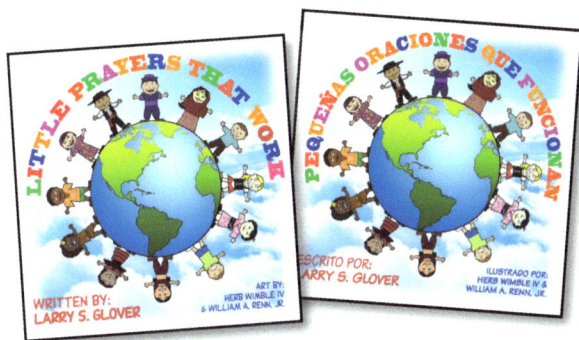

Pequeñas Oraciones Que Funcionan

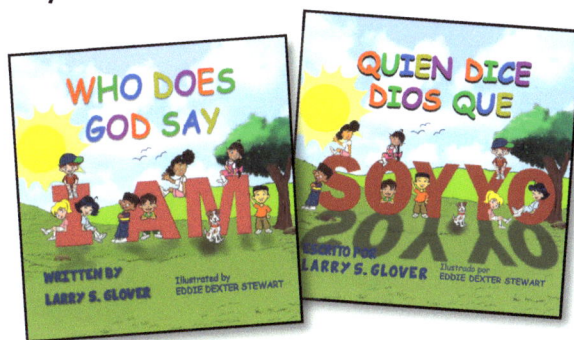

Quien Dice Dios Que Soy Yo

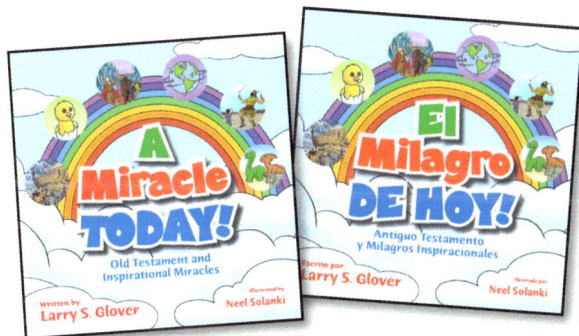

El Milagro De Hoy – Antiguo Testamento

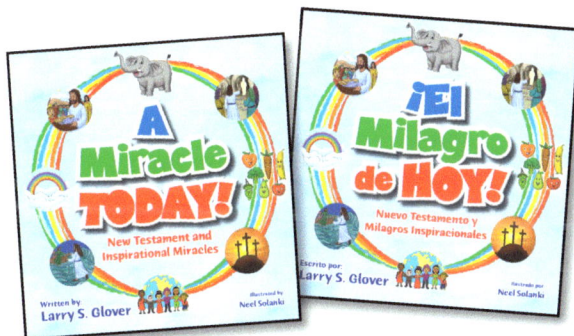

El Milagro De Hoy – Nuevo Testamento

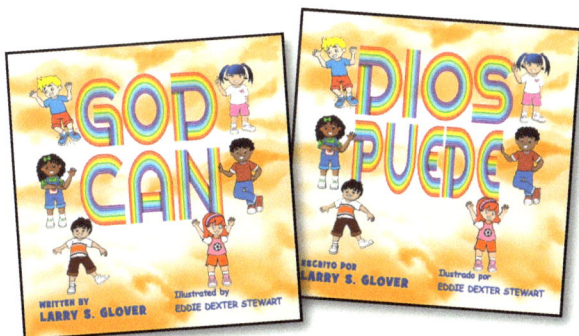

DIOS PUEDE

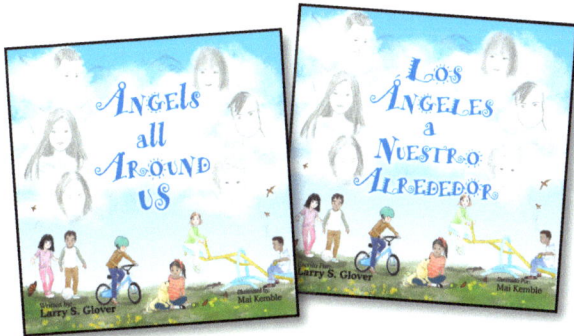

Los Ángeles A Nuestro Alrededor

Próximamente:
Un Lugar Donde Podemos Ir
Dios es Amor

CHILD
LIKE
FAITH

CHILDREN'S BOOKS

Disponible en inglés y Español
en Amazon.com
www.childlikefaithchildrensbooks.com

LAS SERIES DE valores DE LOS NIÑOS/AS.

Pida otro libros de Larry S. Glover:

Disponible en inglés y Español .

Ser Bueno

Ser Amable

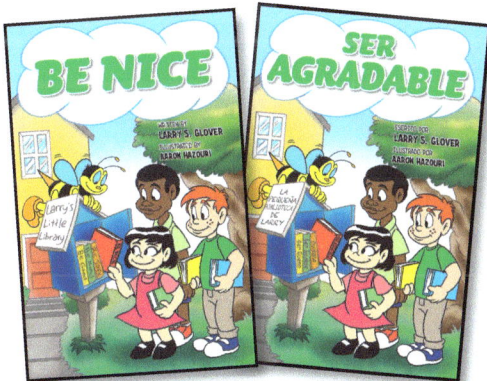

Ser Agradable

Cuídate

CHILD LIKE FAITH CHILDREN'S BOOKS

www.childlikefaithchildrensbooks.com

www.ingramcontent.com/pod-product-compliance
Lightning Source LLC
Chambersburg PA
CBHW042104040426
42448CB00002B/140